BILBO

JEUNESSE

Gilles Tibo

Illustrateur depuis plus de vingt ans, Gilles Tibo est reconnu pour ses superbes albums, dont ceux de la série *Simon*. Enthousiasmé par l'aventure de l'écriture, il a créé d'autres personnages. Il s'est laissé charmer par ces nouveaux héros qui prenaient vie, page après page. Pour notre plus grand bonheur, l'aventure de Noémie est devenue son premier roman.

Louise-Andrée Laliberté

Quand elle était petite, pour s'amuser, Louise-Andrée Laliberté inventait toutes sortes d'histoires pour décrire ses gribouillis maladroits. Maintenant qu'elle a grandi, les images qu'elle crée racontent elles-mêmes toutes sortes d'histoires. Louise-Andrée crée avec bonne humeur des images, des décors ou des costumes pour les musées et les compagnies de publicité ou de théâtre. Tant au Canada qu'aux États-Unis, ses illustrations ajoutent de la vie aux livres spécialisés et de la couleur aux ouvrages scolaires ou littéraires. Elle illustre pour vous la série *Noémie*.

Série Noémie

Noémie a sept ans et trois quarts. Avec Madame Lumbago, sa vieille gardienne qui est aussi sa voisine et sa complice, elle apprend à grandir. Au cours d'événements pleins de rebondissements et de mille péripéties, elle découvre la tendresse, la complicité, l'amitié, la persévérance et la mort aussi. Coup de cœur garanti !

Noémie

Le Voleur de grand-mère

Du même auteur chez Québec Amérique

Jeunesse

SÉRIE PETIT BONHOMME

Les mots du Petit Bonhomme, album, 2002.
Les musiques du Petit Bonhomme, album, 2002.
Les chiffres du Petit Bonhomme, album, 2003.
Les images du Petit Bonhomme, album, 2003.

SÉRIE PETIT GÉANT

Les Cauchemars du petit géant, coll. Mini-Bilbo, 1997.
L'Hiver du petit géant, coll. Mini-Bilbo, 1997.
La Fusée du petit géant, coll. Mini-Bilbo, 1998.
Les Voyages du petit géant, coll. Mini-Bilbo, 1998.
La Planète du petit géant, coll. Mini-Bilbo, 1999.
La Nuit blanche du petit géant, coll. Mini-Bilbo, 2000.
L'Orage du petit géant, coll. Mini-Bilbo, 2001.
Le Camping du petit géant, coll. Mini-Bilbo, 2002.
Les Animaux du petit géant, coll. Mini-Bilbo, 2003.
Le Petit Géant somnambule, coll. Mini-Bilbo, 2004.

SÉRIE NOÉMIE

Noémie 1 - Le Secret de Madame Lumbago, coll. Bilbo, 1996.
• **Prix du Gouverneur général du Canada 1996**
Noémie 2 - L'Incroyable Journée, coll. Bilbo, 1996.
Noémie 3 - La Clé de l'énigme, coll. Bilbo, 1997.
Noémie 4 - Les Sept Vérités, coll. Bilbo, 1997.
Noémie 5 - Albert aux grandes oreilles, coll. Bilbo, 1998.
Noémie 6 - Le Château de glace, coll. Bilbo, 1998.
Noémie 7 - Le Jardin zoologique, coll. Bilbo, 1999.
Noémie 8 - La Nuit des horreurs, coll. Bilbo, 1999.
Noémie 9 - Adieu, grand-maman, coll. Bilbo, 2000.
Noémie 10 - La Boîte mystérieuse, coll. Bilbo, 2000.
Noémie 11 - Les Souliers magiques, coll. Bilbo, 2001.
Noémie 12 - La Cage perdue, coll. Bilbo, 2002.
Noémie 13 - Vendredi 13, coll. Bilbo, 2003.

La Nuit rouge, coll. Titan, 1998.

Adulte

Le Mangeur de pierres, coll. Littérature d'Amérique, 2001.
Les Parfums d'Élisabeth, coll. Littérature d'Amérique, 2002.

Noémie

Le Voleur de grand-mère

GILLES TIBO

ILLUSTRATIONS : LOUISE-ANDRÉE LALIBERTÉ

QUÉBEC AMÉRIQUE Jeunesse

Données de catalogage avant publication (Canada)

Tibo, Gilles
Le Voleur de grand-mère
(Bilbo ; 131)
(Noémie ; 14)
Pour enfants de 7 ans et plus.
ISBN 2-7644-0365-8
I. Titre. II. Collection : Tibo, Gilles. Noémie ; 14. III. Collection : Bilbo jeunesse ; 131.
PS8589.I26V64 2004 jC843'.54 C2004-940773-2
PS9589.I26V64 2004

Conseil des Arts du Canada Canada Council for the Arts

SODEC Québec

Nous reconnaissons l'aide financière du gouvernement du Canada par l'entremise du Programme d'aide au développement de l'industrie de l'édition (PADIÉ) pour nos activités d'édition.

Gouvernement du Québec – Programme de crédit d'impôt pour l'édition de livres – Gestion SODEC.

Les Éditions Québec Amérique bénéficient du programme de subvention globale du Conseil des Arts du Canada. Elles tiennent également à remercier la SODEC pour son appui financier.

Québec Amérique
329, rue de la Commune Ouest, 3e étage
Montréal (Québec) H2Y 2E1
Téléphone : (514) 499-3000, télécopieur : (514) 499-3010

Dépôt légal : 3e trimestre 2003
Bibliothèque nationale du Québec
Bibliothèque nationale du Canada

Révision linguistique : Diane Martin et Danièle Marcoux
Mise en pages : André Vallée

www.quebec-amerique.com

Imprimé au Canada

À mon ami
Daniel Pratte

-1-

L’ennui, mur à mur

Ce matin, après une nuit ennuyante, une nuit sans rêve, sans cauchemar, sans rien de rien, je me réveille dans mon lit, comme d'habitude. Je me lève comme d'habitude et me dirige vers la cuisine, comme d'habitude. Mon père lit son journal.

En prenant mon petit-déjeuner, je lis les gros titres du journal : détournement d'avion, vol de banque, guerres, etc.

De temps à autre, je regarde mon père qui avale de petites gorgées de café pendant que ma mère réfléchit à ses mots croisés. Le réfrigérateur ronronne comme d'habitude et je me dis que je fais une vie plate, archi-plate, une vie dans laquelle il ne se passe vraiment rien. C'est vrai! Je me lève le matin, je me couche le soir et j'ai souvent l'impression que je n'ai rien vécu d'extraordinaire de la journée. Ma vie est plate, plate, plate et encore plus plate que ça, si ça se pouvait.

En mangeant mes rôties, je rêve de vivre une existence remplie d'aventures comme les héroïnes de cinéma. Je voudrais me retrouver suspendue par une main au-dessus d'un précipice pendant qu'une musique trépidante jouerait à tue-tête. Je voudrais me retrouver au fond d'un vaisseau spatial envahi par des monstres intergalactiques qui voudraient me

manger tout rond. Mais ce matin, dans la cuisine, la seule chose palpitante qui se passe, c'est mon père qui tourne les pages de son journal et ma mère qui lève les yeux au plafond parce qu'elle cherche un mot de cinq lettres qui commence par « e ». Je lui suggère « ennui ».

— Non, répond ma mère, le mot doit se terminer par « e ».

Devant tant de choses excitantes, je termine mon déjeuner, embrasse mes parents et leur murmure :

— À ce soir!

Mon père répond :

— Noémie, ce soir ta mère et moi allons au théâtre!

— Excellent! Je vais dormir en haut, chez grand-maman. À demain!

— À demain, répondent mes parents.

En vitesse, je prends mon sac d'école, quitte la maison et monte chez grand-maman qui, elle aussi, fait une activité vraiment palpitante : elle se berce en caressant son chat. J'embrasse ma grand-mère sur les deux joues :

— Bonne journée quand même ! Ce soir, je vais coucher ici parce que mes parents vont au théâtre !

— Super, répond grand-maman, ce sera excitant !

— Heu... qu'est-ce qu'il y aura d'excitant là-dedans?

Grand-maman réfléchit pendant quelques secondes, puis elle répond :

— Ce sera excitant de faire tes devoirs, de manger de la

lasagne, de regarder la télévision...

— Et vous trouvez ça excitant, tout ça?

— Mais oui, mais oui, répond grand-maman en caressant son chat.

— Eh bien moi, j'aimerais mieux faire du saut en parachute, du vélo à une roue sur un fil suspendu au-dessus d'un précipice, dompter des tigres dans une cage, j'aimerais mieux faire...

Mais je n'ai pas le temps d'énumérer toutes les choses excitantes que je voudrais faire. Avec un petit sourire coquin, grand-maman me coupe la parole :

— Ça, ce sont des choses que j'ai faites et refaites cent fois dans ma jeunesse!!!

En riant toutes les deux, nous nous embrassons, smack, smack…

— Bon, pendant que je serai à l'école, profitez-en pour faire du sport extrême.

— Oui, oui, répond grand-maman. Je vais pratiquer mon lancer du réfrigérateur, je ferai du saut en parachute par la fenêtre et, s'il me reste du temps, j'escaladerai la face nord de la maison…

Hi, hi, hi, je quitte le logement, je descends l'escalier et je m'en vais à l'école en imaginant que ma grand-mère fait du saut en parachute… mais une fois rendue à l'école, je ne ris plus du tout. J'y passe la journée la plus ennuyante de toute mon existence. Je ne vis que des choses prévisibles. En français et en mathématiques, nous faisons de la révision. Dans la cour de récréation, j'entends des phrases mille fois répétées, comme : «Lance-moi le ballon!» Ou «Je voudrais que la récréation dure toujours!» ou «Prête-moi ta corde à danser.»

Rien d'excitant non plus à l'heure du dîner. Mes amies et moi, nous mangeons nos lunchs en sachant à l'avance tout ce qu'il y aura à l'intérieur des sandwichs.

Rien d'excitant non plus pendant l'après-midi. Nous devons faire une situation d'écriture. Nous devons raconter, en quelques lignes, ce qui nous passionne dans la vie. Moi, j'écris trois pages pleines à craquer. Je termine mon texte en disant que je voudrais devenir astronaute, mais dans une autre galaxie et dans une autre dimension, parce que moi, j'en ai assez de mon petit système solaire qui tourne en rond, ron, ron, ron, petit patapon...

▲▼▲

Après l'école, complètement découragée par ma vie, qui est aussi passionnante que celle d'un ver de terre, je reviens chez moi en compagnie de mes nouveaux amis, Daniel Pratte et sa sœur Caroline. Ensemble, nous discutons de tout et de rien. Daniel veut devenir astronaute. Sa sœur aussi, mais pas dans la même navette spatiale. Nous parlons des étoiles, de la Lune puis de la Terre. Mes amis me quittent au deuxième coin de rue et je me retrouve toute seule. Je marche en regardant mes pieds, mes pieds qui touchent au trottoir, l'un après l'autre. Y a-t-il quelque chose de plus ennuyant que des pieds qui marchent sur du ciment?

Mais soudain, oh! oh! oh! il se passe un événement inattendu : je trouve une pièce de deux dollars sur le trottoir. Je regarde à gauche, à droite, je regarde derrière moi, devant moi. Il n'y a personne. Je me penche, examine la pièce. Elle n'est pas attachée à un petit fil invisible. Donc, ce n'est pas un

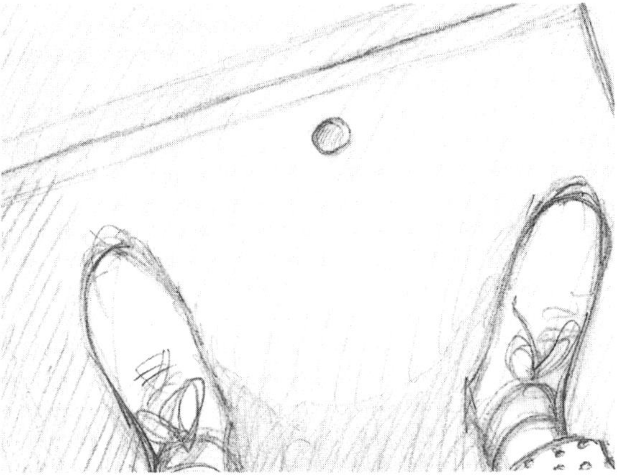

piège. Je ramasse la pièce de deux dollars. Elle est froide. Donc, elle ne vient pas de tomber de la poche de quelqu'un. Donc, elle est à moi. Donc, je me rends en courant jusqu'au dépanneur pour acheter un sac de croustilles. Pendant que j'attends pour payer, je lis les grands titres des journaux qui traînent sur une tablette : « Trois jours dans la vie d'un voleur », « Ma vie en prison », « Mémoires d'un voleur ».

LA VILLE
UN GROS BANDIT
Mon Patelin
DANGER PUBLIC!

Je paie mon sac de croustilles, puis je m'en retourne chez moi en pensant à tous les titres que j'ai lus. J'ai tellement peur de me faire voler mon sac de croustilles que je marche à toute vitesse en plein milieu du trottoir. Avant de monter chez grand-maman, je vérifie sous les premières marches de l'escalier. Personne ne s'y cache. J'entre chez ma belle grand-maman d'amour et je n'en reviens pas. La porte d'entrée n'est même pas verrouillée! N'importe qui pourrait voler n'importe quoi!

En longeant le corridor, j'entends la radio qui lance une petite musique dans la cuisine. Je crie :

— Allô, ma belle grand-maman d'amour! C'est moi, Noémie!

Pas de réponse. J'arrive dans la cuisine. Je vois un grand verre de lait et des biscuits sur la table. Je crie :

— Grand-maman? Grand-maman?

Pas de réponse. Soudain la musique cesse de jouer à la radio. Un animateur annonce : « Bulletin spécial, bulletin spécial. Roger Lelièvre, le célèbre voleur de banque, s'est échappé de prison la nuit dernière. Nous répétons, le célèbre voleur Roger Lelièvre s'est échappé de prison. Voici sa description : il est petit, trapu, chauve et il porte une cicatrice sur le menton... Ceci met fin à notre bulletin spécial. »

Et puis tourlou pitou, tourlou pitou, la petite musique recommence à jouer. J'appuie sur l'interrupteur. La musique s'arrête. La cuisine baigne dans un étrange silence. Un étrange silence qui n'augure rien de bon. Un silence comme dans les films, juste avant qu'un drame se produise. Le serin semble figé dans sa cage. Le chat se met en boule sous une chaise. Même le réfrigérateur ne ronronne plus. Où est ma grand-mère? Mon cœur commence à palpiter. J'essaie de ne rien imaginer, de ne rien penser, mais les images et les gros titres des journaux passent et repassent dans mon cerveau à toute vitesse.

-2-

Mystère

Je fais le tour de l'appartement. Je n'en reviens pas. Chacune des pièces brille comme un sous neuf. On croirait qu'un voleur de... un voleur de grand-mère a fait un ménage impeccable afin d'effacer toutes les preuves de son passage. Je regarde sous le lit, dans les garde-robes, derrière les canapés du salon. Il n'y a aucun indice, aucune poussière. Je reviens à la cuisine. J'essaie de me calmer en buvant du lait et en mangeant des biscuits. Mais je ne peux rien avaler. J'ai la gorge sèche comme un désert. J'essaie de récapituler le plus rationnellement possible sans m'énerver, sans rien imaginer : la porte d'entrée n'était pas verrouillée, le verre de lait et les biscuits se trouvaient sur la table comme d'habitude, le ménage de la maison est impeccable et ma grand-mère a disparu. Ça, ce sont les faits.

Mais si ma grand-mère a été enlevée par un voleur de grand-mère, où est la demande de rançon? Où est la lettre qui mentionne à quel endroit il faut porter l'argent? Où est le papier griffonné à la hâte qui nous ordonne de ne pas appeler la police, ni l'escouade anti-voleurs de...

Je ne comprends plus rien. Je regarde attentivement sous la table, sur le comptoir et

jusque dans la poubelle. Je trouve quelques boulettes de papier : une liste d'épicerie et une feuille sur laquelle grand-maman a additionné et sous-trait plusieurs chiffres qui contiennent de nombreux zéros.

Ces chiffres représentent peut-être le montant de la rançon que le voleur a demandée. Il a sûrement demandé à ma grand-maman chérie de payer elle-même sa propre rançon. Je ne sais pas, je ne sais plus. Tout s'embrouille dans ma tête.

Je fais les cent pas dans la cuisine en tournant autour de la table. Je ne sais plus quoi faire. Je ne sais pas si je devrais appeler mon père ou ma mère ou la police ou... Et là, il me vient une idée.

Je saute sur le téléphone pour écouter les messages. Peut-être que le voleur a appelé ici avant de commettre son forfait. Peut-être qu'il a laissé un indice. On ne sait jamais. Alors je rembobine la cassette des messages. Il y en a une quantité incroyable. Après plusieurs secondes de rembobinage et de rembobinage, j'écoute enfin le premier message archivé : j'entends le son de ma voix. Je m'entends dire : « Bonjour, ma belle grand-maman chérie d'amour en chocolat pleine de guimauve et de sucre râpé, je voulais juste vous dire que je vous aime ! »

Ça, c'est un très vieux message que j'ai laissé il y a plus d'un mois ! Deuxième message ; j'entends encore ma voix dire : « Allô, ma belle grand-maman ! J'arrive tout de suite ! »

Au troisième message, j'entends encore ma voix ainsi qu'au quatrième, au cinquième, au sixième message et ainsi de suite. Sur la cassette, il n'y a que des messages de moi qui parle à ma grand-mère !

Là, je l'avoue, je nage en plein mystère. J'essaie de relier tous les indices, mais je ne trouve pas de lien. Tout cela est absolument... absolument... je suis tellement mêlée dans mes pensées que je ne trouve pas de mot pour définir cette situation abracadabrante.

-3-

Au téléphone

J'essaie de réfléchir. Soudain, j'aperçois un livret de banque qui traîne près du téléphone. C'est le livret de grand-maman. Je regarde à l'intérieur. Je tourne les pages et je manque de tomber sans connaissance. À la date d'aujourd'hui, grand-maman a fait un gros, un très gros retrait d'argent. Un retrait avec plusieurs zéros avant le point. Je n'en reviens pas.

En vitesse, je regarde le numéro de téléphone de la banque. Près du numéro, il y a un nom que grand-maman a écrit au crayon rouge : Chantal Toupin.

Je compose fébrilement en essayant de ne pas me tromper de bouton. Dring... Dring... Dring...

— Bonjour! Ici la banque, puis-je vous aider?

— Je... je voudrais parler à madame Chantal Toupin...

— Oui, c'est à quel sujet?

— Je... heu... c'est personnel!

— Un instant, je vous la passe!

Après quelques secondes d'attente, madame Toupin répond :

— Ici madame Toupin!

— Bonjour, madame, je m'appelle Noémie, je suis la petite-fille de ma grand-maman Lumbago qui est une de vos bonnes clientes et je voudrais savoir si ma grand-mère est allée à la banque aujourd'hui, mais ce n'est pas nécessaire de me le dire parce que je le sais, mais je voudrais surtout savoir si elle était accompagnée par quelqu'un qui avait l'air louche, aussi louche qu'un voleur de grand-mère qui demande une rançon, et surtout, ne me dites pas que je vous demande une information confidentielle, parce que je vais faire une crise de nerfs et même pire que ça parce que c'est une question de vie ou de mort! Vous comprenez ce que je veux dire?

Et là, je manque de tomber sur les genoux. Madame Toupin répond simplement :

— Oui…

Pour être bien certaine, je reprends :

— Donc, ma grand-mère s'est rendue à la banque aujourd'hui?

— Oui…

— Était-elle accompagnée par un individu?

— Oui…

— Heu… cet individu avait-il l'air louche?

— Louche comment?

— Louche comme un ravisseur de gr… Louche comme un ravisseur comme on en voit dans les films…

— Je ne sais pas… C'était un homme, un grand monsieur, très bien habillé.

— Et ma grand-mère, qu'a-t-elle fait à la banque?

— Je l'ignore. Tout ce que je peux te dire, ma petite, c'est que j'ai vu ta grand-mère dans le hall d'entrée. Elle était accompagnée par un homme que je n'avais jamais vu auparavant.

— Oui, mais ce n'est pas vous, madame Toupin, qui vous

occupez de ma grand-mère à la banque?

— Pas toujours, cela dépend des transactions qu'elle doit effectuer.

J'essaie de rester calme, mais c'est impossible :

— Bon! Écoutez! Je crois que ma grand-mère a été victime d'un ravisseur. Il faudrait regarder la bande vidéo pour retrouver le ...

Pendant que je parle à madame Toupin, le chat de grand-maman saute sur le bord de la fenêtre. Il se retourne vers moi et me regarde en miaulant comme s'il voulait me dire quelque chose.

En vitesse, je m'approche de la fenêtre de la cuisine, je pousse le rideau sur le côté. Ma vue s'embrouille, mon cœur bondit dans ma poitrine. D'un

coup d'œil, je reconnais la couleur de la robe de grand-maman au fond de la cour. Du même coup d'œil, je la vois à quatre pattes près de la clôture, comme si quelqu'un venait de la faire tomber.

Je lance à madame Toupin :

— Merci ! Au revoir ! Oubliez tout ce que je viens de dire !

Je raccroche en vitesse et je me précipite vers la porte de la cuisine.

-4-

Les fleurs piétinées

Sur le balcon, je crie :

— GRAND-MAMAN!

À la vitesse de l'éclair, je descends l'escalier en planant au-dessus des marches. Je me précipite vers le fond de la cour.

— Grand-maman! Grand-maman! Est-ce que ça va? Avez-vous eu le temps de voir son visage? Pourrez-vous l'identifier? Était-il petit, chauve, avec une cicatrice sur le menton?

Elle se relève en me demandant :

— Mais de quoi parles-tu, Noémie?

— Mais du voleur! Du voleur de grand...

Grand-maman me répond tout simplement :

— Je ne comprends rien. Regarde! Les plantes sont toutes déracinées!

Là, je l'avoue, je suis complètement désemparée, désorientée et tout, et tout, et tout. Il y a quelques secondes à peine, je croyais qu'on avait volé ma grand-mère et voilà qu'elle me parle de ses plantes…

Je fixe grand-maman qui me regarde d'un drôle d'air, puis j'essaie d'oublier toute cette histoire de voleur, mais je n'y arrive pas.

Pour me changer les idées, j'examine les plantes. On croirait que quelqu'un les a piétinées, puis arrachées. Étrange, très étrange. Je demande :

— Est-ce la première fois qu'un tel phénomène se produit?

— Oui, c'est la première fois!

Étrange, très étrange. Je demande encore :

— Avez-vous des soupçons?

— Je ne sais pas, répond grand-maman. Les écureuils ne font pas ce genre de choses, ni les chats, et aucun chien ne peut entrer dans la cour.

Étrange, très étrange. Soudain, je comprends tout :

— C'est facile à comprendre. C'est un voleur qui a fait ça!

— Comment ça, un voleur? Il ne manque aucune plante, vérifie par toi-même!

— Non, je veux dire un vrai voleur!

— Mais voyons donc, Noémie. Rien n'a été volé. Regarde par toi-même!

— Alors, c'est peut-être un voleur de... un voleur de grand-mère!

Grand-maman lève les yeux au ciel, puis elle me fixe avec un air qui veut dire : Noémie, je crois que tu exagères gros comme la terre.

— Je n'exagère pas du tout! À la radio, on vient d'annoncer qu'un célèbre voleur vient tout juste de s'évader de prison.

— Je ne vois pas le rapport, soupire grand-maman... Un célèbre voleur qui vient de se sauver de prison ne s'intéresse pas aux plantes...

— Ce n'est pourtant pas difficile à comprendre. En se sauvant, le voleur a sauté par-dessus la clôture. Il a atterri directement dans les fleurs. Il les a écrasées avec ses semelles.

Ensuite, il s'est relevé. En se sauvant, il les a piétinées et renversées.

— Impossible, répond grand-maman, qui n'a pas lu autant de gros titres de journaux que moi. Impossible, puisque rien n'a été volé.

— Mais voyons donc, grand-maman! Un voleur professionnel ne vole pas toujours tout de suite. Souvent, il vient faire du repérage. Il vient inspecter les lieux pour vérifier...

— Pour vérifier quoi?

— Pour analyser la situation. Pour connaître le meilleur chemin pour se rendre à son crime. Le meilleur chemin pour se sauver, et aussi pour chercher le meilleur endroit où se CACHER!

— Mon Dieu Seigneur, Noémie! Tu as trop d'imagination!

— Mais non! J'analyse les faits d'une façon logique, claire, précise et fonctionnelle, comme on dit dans les films! Chaque chose qui se produit, chaque événement doit pouvoir s'expliquer d'une façon claire et logique!

Comme seule réponse, grand-maman éclate de rire :

— Ah! Ah! Ah! Elle est bien bonne, celle-là... Oh! Oh! Oh! Noémie qui est logique... Hi! Hi! Hi! je n'en reviens pas!

Je déteste qu'on rie de moi.

En rigolant, ma grand-mère se relève, essuie ses mains pleines de terre sur son tablier, puis elle me caresse une épaule. Je recule un peu en faisant la moue. Grand-maman me dit avec un petit sourire en coin que je n'apprécie pas du tout :

— Ne fais pas la baboune, Noémie. C'est toi qui as raison. Dès demain, j'attacherai chaque fleur et chaque arbre de la cour. Je ferai cadenasser les sacs d'ordures, je ferai verrouiller les rampes du balcon, enchaîner les marches de l'escalier. Je ferai poser des serrures de coffre-fort aux portes et aux fenêtres, puis je ferai installer un système d'alarme tellement sensible qu'il se mettra à sonner lorsque tu te retourneras dans ton lit... Hi... Hi... Hi...

-5-

Dans la cuisine

Grand-maman monte l'escalier en riant. Puis elle se retourne et me lance :

— Noémie ! hi... hi... hi... Si tu restes trop longtemps immobile dans la cour, tu vas finir par prendre racine... hi... hi... hi... Les voleurs vont sauter par-dessus la clôture et vont atterrir sur ta tête. Ensuite ils vont te voler... hi... hi... hi...

En bougonnant, je gravis les marches de l'escalier, pénètre dans la cuisine, ouvre mon sac d'école et commence à faire mes devoirs.

Le sourire aux lèvres, grand-maman se lave les mains, les essuie et met un peu d'ordre sur le comptoir. Je la regarde faire et je n'en crois pas mes yeux. On dirait qu'elle ignore les vrais dangers. On dirait qu'elle ne sait pas que des voleurs rôdent, qu'une comète peut frapper la Terre à n'importe quel moment, que le soleil va s'éteindre dans cinq milliards d'années... Et puis soudain, pendant que je pense à tout ça, il me vient quelques questions dont j'aimerais bien connaître les réponses.

— Grand-maman, il y a quelque chose que je ne comprends pas...

— Ah oui? Quoi?

— Pouvez-vous m'expliquer pourquoi il n'y a que des messages de moi sur votre répondeur?

Grand-maman se retourne et me regarde. Ses joues deviennent toutes roses :

— Heu... parce que... parce que j'aime bien entendre le son de ta voix...

— Mais je vous parle tous les jours...

— Mon Dieu Seigneur, il m'arrive quelquefois de m'ennuyer pendant la journée. Alors, j'écoute le son de ta voix et ensuite je me sens mieux...

— Vous écoutez le son de ma voix... en cachette?

— Oui... si tu veux...

Grand-maman s'assoit sur une chaise. Je m'installe sur ses genoux :

— Là, c'est ma vraie voix que vous entendez. Ma vraie voix qui dit que vous êtes ma

belle grand-maman d'amour enrobée de chocolat et de fudge et de caramel et de...

Pendant que je parle, je sens le cœur de ma grand-mère qui accélère, qui bat de plus en plus rapidement.

— Grand-maman, êtes-vous en train de faire une crise cardiaque?

— Je crois que je viens de recevoir une trop grosse bouffée d'amour! Mon cœur palpite!

— N'ayez pas peur, grand-maman, si vous faites une crise cardiaque, je vais vous prêter mon cœur...

Grand-maman me serre dans ses bras, puis elle ajoute :

— C'est bien gentil... mais comment vivras-tu sans cœur?

— C'est simple, nous vivrons toutes les deux avec un seul cœur! On le placera ici, entre nous deux... toc... toc... toc... boum... boum... boum... et pendant que j'y pense, que faisiez-vous cet après-midi à la banque avec un monsieur très bien habillé?

Le cœur de grand-maman accélère encore et encore. Elle prend une grande respiration et répond vaguement :

— Oh, rien de très important... des choses que tu ne pourrais pas comprendre...

Je déteste qu'on me prenne pour une idiote :

— Je peux tout, tout, tout comprendre si on me l'explique clairement. Et en plus, pourquoi avez-vous retiré beaucoup d'argent de votre compte?

Elle me regarde avec de gros points d'interrogation dans les yeux.

— Grand-maman, vous ne pouvez rien me cacher. J'ai des espions partout!

— Bon… si tu insistes, je vais répondre à tes questions. Premièrement, l'homme avec qui je suis entré à la banque est monsieur Légaré, celui qui s'occupe de mon assurance.

— C'est quoi une assurance?

— C'est un montant que je paie tous les mois. S'il m'arrivait un malheur, si je disparaissais, tu recevrais beaucoup, beaucoup d'argent!

— Je ne veux pas qu'il vous arrive un malheur et je ne veux pas que vous soyez remplacée par de l'argent. Je m'ennuierais trop!

— Deuxièmement, la somme d'argent que j'ai retirée, c'est pour… c'est pour… C'est de l'argent que j'ai décidé de transférer dans un compte spécial pour payer tes études, celles que tu feras lorsque tu seras grande…

Je regarde grand-maman et je ne sais plus quoi répondre. Je me colle contre elle pour lui demander :

— M'avez-vous dit toute la vérité, rien que la vérité?

— Je le jure, répond-elle en m'embrassant sur le front.

Puis, comme si elle voulait changer de sujet, elle me demande si j'ai des devoirs à faire, des leçons à étudier.

— Seulement une composition française... En dix lignes, je dois décrire ma plus grande peur...

— Et qu'est-ce que c'est, ta plus grande peur?

— Si je vous le dis, vous allez rire de moi.

— Mais non! Je ne rirai pas, je te le jure!

-6-

La panne d'électricité

Après avoir pris une grande respiration, je dis :

— J'ai peur des... j'ai peur des vol... Dites-moi donc, grand-maman... Aujourd'hui, avant de vous rendre à la banque, avez-vous bien verrouillé les portes de l'appartement?

— Je crois que oui!

— Mais voyons, grand-maman... tout à l'heure... Je n'ai même pas eu besoin de ma clé pour entrer chez vous... Qu'est-ce qui serait arrivé si j'avais été une voleuse de grand-mère?

— Noémie... des voleuses de grand-mère... ça n'existe pas...

— Mais voyons, grand-maman. Il y a des voleurs de toutes sortes de choses. Des voleurs de radios, de télévisions, de grille-pain...

— Regarde, Noémie... La télévision, la radio et le grille-pain sont toujours à leur place...

Je réfléchis en essayant d'être le plus logique possible. Mais plus je suis logique, plus la situation est évidente : Si le voleur est entré et qu'il n'a rien volé, c'est tout simplement parce qu'il est intéressé par ma grand-mère. Comme elle était dans la cour arrière, le voleur s'est caché quelque part en attendant qu'elle revienne. J'ai vérifié presque partout lorsque je suis rentrée. Partout, sauf à un endroit : dans le garde-manger de la cuisine.

Il n'y a pas une minute à perdre. J'ouvre mon sac à dos et m'empare de ma règle de bois, de quelques élastiques et d'une grosse gomme à effacer.

Grand-maman me regarde en soupirant :

— Mon Dieu Seigneur... Qu'est-ce que tu fabriques?

Je ne le dis pas, mais je me fabrique un objet qui ressemble à un revolver. Pour en vérifier l'efficacité, je demande à grand-maman à quoi ressemble ce que je tiens dans ma main droite.

— À un pistolet, répond-elle sans hésiter.

Bravo! j'ai réussi. Je me lève, mais soudain, les lumières de la cuisine s'éteignent. Le réfrigérateur cesse de ronronner et la grande aiguille de l'horloge s'arrête en plein mouvement. Grand-maman soupire :

— Mon Dieu Seigneur, encore une panne d'électricité! C'est la troisième fois cette semaine!

— Je le savais! C'est une tactique pour créer une diversion...

— Quelle diversion? De quoi parles-tu?

Je pose mon doigt sur ma bouche pour lui faire signe de ne plus parler. Je me penche vers mon sac à dos et en sors une petite lampe de poche. Je chuchote :

— Heureusement pour nous, je suis prête à tout!

Grand-maman réplique :

— Moi aussi… je suis prête à tout!

Elle se dirige vers le comptoir, ouvre un tiroir et en sort des chandelles. Ensuite, elle fouille dans un autre tiroir, puis dans un autre et finit par demander :

— Noémie, approche un peu la lampe, je ne vois rien, où sont les allumettes?

J'en profite pour répondre une phrase que mes parents me répètent souvent lorsque je cherche quelque chose :

— Vos allumettes sont là où vous les avez laissé traîner la dernière fois.

— Je ne comprends pas. Je les place toujours ici, au même endroit... dans le tiroir, dit grand-maman en haussant le ton.

— C H U T T T T T . . . CHUTTTTT... grand-maman. Parlez moins fort!

— Pourquoi?

— Parce qu'il pourrait nous entendre...

— Qui ça, il?

— Mais le voleur, grand-maman... le voleur qui a sauté par-dessus la clôture, qui a piétiné vos fleurs, qui s'est introduit dans votre appartement et qui a volé vos allumettes... Le voleur qui a provoqué la panne d'électricité et qui se cache quelque part dans le noir... Il me semble que c'est clair...

— Noémie, premièrement, les voleurs ne volent pas d'allumettes. Deuxièmement... personne n'a pu s'introduire ici. J'ai verrouillé les deux portes avant de partir pour la banque...

— Les deux portes, peut-être... mais avez-vous pensé à la fenêtre? La fenêtre de la cuisine qui est grande ouverte. Qu'est-ce que ça donne de verrouiller les portes si on laisse les fenêtres grandes ouvertes?

— Je... heu... la fenêtre... je l'avais oubliée! Bon, restons calmes. Ce n'est pas parce qu'une fenêtre est ouverte qu'un voleur est nécessairement entré...

— La plupart des voleurs entrent par les fenêtres, c'est bien connu...

— Bon, Noémie, puisque tu sais tout... Il est où, ton voleur? Dans la cuisine? Dans le réfrigérateur? Dans le fourneau? Sous l'évier?

— C'est facile de savoir où il se cache. Avez-vous un foulard, un masque, une cagoule?

-7-

Les bruits suspects

On dirait que grand-maman ne comprend plus rien. Elle reste immobile en plein milieu de la cuisine. Elle me regarde sans répondre. Je pose encore une fois ma question :

— Avez-vous un foulard, un masque ou une cagoule de voleur?

Grand-maman ne répond pas. Bon! j'ai compris! Je vais me débrouiller toute seule. J'ouvre le tiroir qui sert à cacher toutes les choses inutiles qui traînent dans la maison. J'y trouve de vieilles bobines de fil, des bougies de gâteau d'anniversaire, un vieux tournevis. Et, tout au fond du tiroir, je déniche enfin ce que je cherchais : le petit masque noir que j'ai déjà porté à l'Halloween. Je l'enfile sur mes yeux :

— Grand-maman, me reconnaissez-vous?

— Non, pas du tout! Je ne te reconnais pas du tout, Noémie!

— Écoutez, grand-maman, la situation est très grave... beaucoup plus grave que vous ne pouvez l'imaginer. Alors vous pourriez faire un petit effort et m'aider...

— T'aider à quoi? Ce n'est pas l'Halloween, aujourd'hui...

— Vous pourriez m'aider à capturer le voleur. Écoutez-moi bien... Le meilleur moyen pour savoir où le voleur se cache, c'est de se mettre dans sa peau, de devenir le voleur.

Grand-maman regarde au plafond en soupirant :

— Mon Dieu Seigneur... Mon Dieu Seigneur...

Je ne me laisse pas décourager par ses soupirs. Avec la lampe de poche dans une main, j'essaie d'imiter un voleur qui s'introduit dans la maison. Je me rends sur le balcon arrière, je m'approche de la fenêtre, puis d'un bond, d'un petit bond de rien du tout, je saute dans la cuisine. Je n'en reviens pas comme il est facile d'entrer ici.

Puis je marche, en petite bonne femme, recroquevillée sur moi-même. Je fais le tour de la cuisine en ouvrant les portes des armoires sous l'évier. Impossible de se cacher là.

L'espace est trop petit pour un voleur. Je m'avance lentement puis, à pas de loup, je m'arrête devant la porte du garde-manger. J'y colle mon oreille, puis je sursaute. J'y colle encore mon oreille et là, je n'en reviens pas. J'entends du bruit à l'intérieur du garde-manger.

En tremblant, je fais signe à grand-maman de s'approcher.

Soudain, les lumières de la cuisine se rallument, le réfrigérateur ronronne de nouveau et la grande aiguille de l'horloge recommence à trotter. Grand-maman lance :

— Bon! la panne est terminée... Ton voleur n'existe pas, Noémie. Il est dans ta...

Mais grand-maman n'a pas le temps de finir sa phrase. Nous sursautons toutes les deux. Un bruit, un petit bruit sec et précis provient du garde-manger. Et ce curieux petit bruit ressemble à celui de quelqu'un qui mange des croustilles. Grand-maman et moi, nous nous regardons avec étonnement. Toutes sortes d'idées nous trottent dans la tête. Je suis certaine que grand-maman pense la même chose que moi. Je lui murmure :

— Vous pensez que c'est le chat qui est entré dans le garde-manger et qui mange des croustilles?

— Je... heu... Mon Dieu Seigneur! Un chat qui a très faim peut... peut peut-être manger des croustilles, mais...

Je chuchote :

— Minou... minou... minou...

Rien ne bouge dans la maison. Grand-maman me regarde avec un petit air triomphant qui veut dire : tu vois bien, ma pauvre Noémie, j'avais raison, le chat est dans le garde-manger.

Je murmure encore, mais un tout petit peu plus fort :

— Minou... minou... minou...

Grand-maman fait une curieuse grimace en écarquillant les yeux. Son chat apparaît dans le corridor, il s'approche, se frotte sur une patte de la table et disparaît derrière une commode.

Grand-maman et moi, nous nous regardons en silence. Son silence est rempli de questions. Le mien aussi, mais il est aussi rempli de réponses. J'ai vu trop de films de voleurs et de bandits pour me laisser impressionner par un voleur qui mange des croustilles dans un garde-manger.

Grand-maman colle encore son oreille contre la porte du garde-manger. Elle ferme les yeux, puis elle dit en tremblant :

— Si c'est un voleur... C'est quelqu'un qui doit avoir très faim parce qu'il n'arrête pas de manger.

Soudain BANG ! Quelque chose tombe à l'intérieur du garde-manger.

-8-

Le plan infaillible

Grand-maman et moi, nous sursautons. Nous nous levons d'un bond et nous nous retrouvons derrière la table de la cuisine, dans les bras l'une de l'autre. Je sens le cœur de ma grand-mère qui bat à tout rompre. Son souffle s'accélère. Je lui dis :

— Ne craignez rien, je suis là !

Puis j'ajoute :

— Vous voyez, j'avais raison ! Il y a un voleur dans le placard.

Grand-maman ne répond pas. Elle se mordille les lèvres. Elle avance la tête et dit :

— Écoute... on dirait que quelqu'un déplace des choses... dans le garde-manger...

— Grand-maman, cessez de dire «quelqu'un». Ça m'énerve... Ce quelqu'un, c'est un voleur, un voleur, un voleur...

— Arrête, Noémie, tu me fais peur!

— Il faut garder son sang froid, grand-maman. Il faut trouver une solution logique et rationnelle.

En vitesse, je me repasse en mémoire quelques scènes que j'ai vues au cinéma. Mais j'ai toujours vu des films dans lesquels les voleurs essayaient de se sauver, soit de prison, soit d'autres méchants... Je n'ai jamais vu de film dans lequel il était question d'un voleur dans un garde-manger.

Pendant que je réfléchis, j'entends la voix de grand-maman murmurer :

— Je vais... je vais appeler la police!

Grand-maman marche en petite bonne femme vers le fond de la cuisine. Elle se relève près du comptoir. Les os de ses genoux craquent. Soudain, une grande peur m'envahit :

— Grand-maman, attendez une minute! Si le voleur ouvre la porte et sort du garde-manger avant l'arrivée des policiers? Qu'est-ce qu'on va faire?

— On va faire... on va faire...

— Attendez! Je crois que j'ai une idée...

— Mon Dieu Seigneur... Noémie... quelle idée?

— On va lui tendre un piège...

— Un quoi?

— Faites-moi confiance pour une fois! Juste une fois! Ce n'est pas beaucoup dans une vie, juste une petite fois de rien du tout!

— Mon Dieu Seigneur, Noémie, ce n'est pas le temps de jouer avec le feu... je veux dire ce n'est pas le temps de perdre du temps... je veux dire que ce n'est pas le temps de risquer sa vie...

— Regardez-moi bien, j'ai un plan infaillible!

À mon tour, je me déplace en petite bonne femme. Mes genoux ne craquent pas. Je vais jusqu'aux armoires sous le comptoir. J'ouvre les portes et je m'empare de deux seaux. Grand-maman me regarde et me fait signe qu'elle ne comprend pas. Je lui chuchote :

— Regardez- moi bien... premièrement, j'accroche un seau à la poignée de la porte du garde-manger et un autre seau au petit clou qui tient le calendrier... ensuite, je place deux chaises devant la porte... je place le manche du balai entre les chaises... ensuite je place le tapis, ici, derrière les chaises... Je place une corde près du tapis...

Grand-maman me regarde, et juste à son regard, je comprends qu'elle ne comprend rien. Je continue quand même :

— Vous... vous prenez le rouleau à pâtisserie et vous vous placez ici... non... pas sur le tapis, grand-maman, ici à côté... Moi, je prends le marteau et je m'installe tout près de la porte... vous avez compris?

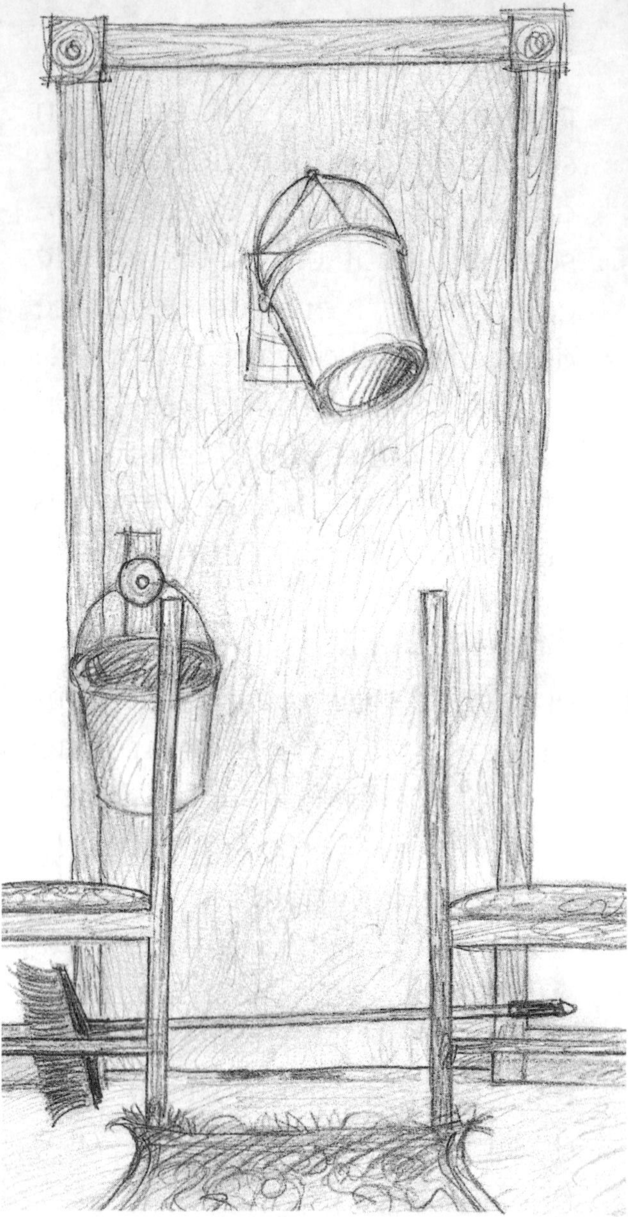

— Noémie… je ne comprends rien… de rien… de rien… de rien… de rien…

— Mais voyons, grand-maman, vous n'avez jamais vu de films de voleurs, vous?

— Oui, mais nous ne sommes pas dans un film, là… Nous sommes dans la vraie vie…

— Justement, je vais vous expliquer ce qui va se passer dans la vraie vie… Vous n'avez pas le goût d'avoir votre photo dans les journaux?

— Noémie! Arrête!

Je crois que grand-maman est trop énervée pour comprendre quelque chose. Je la prends par la main, pour la rassurer, et je lui explique ma tactique infaillible :

— Ce n'est pourtant pas compliqué à comprendre, il me semble. Moi, je me place près du garde-manger. Je donne de gros coups de marteau sur les seaux. Le bruit fait peur au voleur. En panique, il sort du garde-manger. Il trébuche sur le manche du balai. Il perd l'équilibre. Il tombe. Il s'étend de tout son long sur le tapis… À toute vitesse, nous roulons le voleur dans le tapis et nous l'attachons avec la corde… Ensuite, nous appelons les policiers et les journalistes… et nous devenons des vedettes! Il me semble que c'est clair?

— Heu… Mon Dieu Seigneur… C'est clair... très clair... mais je ne serai jamais capable de faire une chose pareille...

— Mais oui, vous serez capable!

— Mais non...

— Mais oui...

— Mais non... Heu... et pourquoi le rouleau à pâtisserie?

— Le rouleau, grand-maman, c'est pour toc... toc... toc...

— Quoi? Toc... toc... toc...

— Toc... toc... toc... sur la tête du voleur...

— Franchement... Noémie!

— Quoi? On ne sait jamais! LUI... il est peut-être armé de couteaux, de grenades, de fusils, de revolvers, de carabines, de mitraillettes, de bazookas, de canons tronqués, de...

-9-

Gros suspense

Grand-maman se mordille les lèvres et se tortille les doigts de plus en plus fort. Cela veut dire qu'elle est excessivement angoissée et même plus que ça. Elle relève la tête et dit tout haut, comme si elle voulait se convaincre elle-même :

— Bon, j'en ai assez de toutes ces folies!

— Moi aussi, j'en ai assez! Je vous ai suggéré une tactique. Vous, que suggérez-vous?

— C'est simple... nous ouvrons la porte et nous regardons à l'intérieur du garde-manger.

— Vous avez bien dit «NOUS»?

— Oui... j'ai bien dit «NOUS».

— Non, non, non, ne comptez pas sur moi pour ouvrir cette porte...

— Bon... alors je vais l'ouvrir toute seule...

— C'est ça... allez-y... mais s'il vous arrive quelque chose de très grave, ne venez pas vous plaindre. Je vous aurai prévenue.

— Noémie, ça suffit. Tout cela est complètement ridicule!

Grand-maman inspire profondément, puis elle me fait signe de ne pas bouger, de ne plus parler, de ne plus rien faire, de rien, de rien du tout!

Elle s'avance lentement vers la porte du garde-manger. Je

n'en reviens pas. J'ai peur et, en même temps, je me dis que ma grand-mère est une grand-maman extraordinaire, courageuse, débrouillarde, etc.

En tenant le rouleau à pâtisserie dans une main, grand-maman s'avance. Elle colle son oreille sur la porte du garde-manger. Elle hésite un peu, puis elle approche l'autre main de la poignée.

Je la regarde faire et, soudain, j'imagine le pire. En l'espace d'un éclair, j'imagine ma grand-mère qui ouvre la porte du garde-manger. Je vois un méchant voleur, armé jusqu'aux dents, qui lâche le sac de croustilles, s'empare d'une mitrailleuse et se précipite sur elle.

En imaginant la scène, je sens mon cœur bondir dans

ma poitrine. Je me lève d'un bond et me lance vers ma grand-maman d'amour :

— Attendez! Attendez! Je ne vous abandonnerai pas dans un moment aussi crucial...

En vitesse, je m'approche de la cuisinière, m'empare d'une casserole, en vide le contenu dans l'évier et m'en fais un casque protecteur. Quelques nouilles dégringolent sur mon front, mais ce n'est pas grave. À la guerre comme à la guerre, comme on dit dans les films. Je place un immense couvercle de métal sous ma chemise pour m'en faire un bouclier. Et puis, je saisis une chaise et la soulève devant moi comme le font les dompteurs de lions.

Grand-maman ne dit rien, mais de grosses rides se creusent sur son front. De la sueur perle sur ses joues. L'une près de l'autre, nous nous avançons vers la porte du garde-manger et nous restons là, immobiles.

En tremblant, je murmure :

— Je compte jusqu'à trois. À trois, nous ouvrons la porte en hurlant pour que le voleur se fige sur place.

Grand-maman hoche la tête pour me signifier qu'elle a compris et qu'elle est d'accord.

— UN...

— DEUX...

-10-

La grande panique

Juste avant que je dise TROIS, j'entends quelque chose bouger à l'intérieur du garde-manger. Et puis soudain, plusieurs choses dégringolent à l'intérieur : BANG! BANG! BANG!

En panique, grand-maman et moi retournons nous cacher derrière la table de la cuisine. Nous nous blotissons l'une contre l'autre et nous ne bougeons plus.

— Grand-maman, qu'est-ce... qu'est-ce qu'on fait maintenant?

— Maintenant, on fait ce qu'on aurait dû faire depuis

longtemps... on appelle la police...

Grand-maman se lève et se dirige, à pas de loup, vers le téléphone.

Je ne peux m'empêcher de lui dire :

— Lorsque le voleur va entendre les sirènes des voitures de police, lorsqu'il va entendre le bruit des hélicoptères qui approcheront de la maison... qu'est-ce qu'il va faire? Il va nous prendre en otages? Il va s'enfuir? Il va se sauver quelque part dans un autre pays... ou sur une île déserte... ou...

Grand-maman revient sur ses pas. Et là, c'est moi qui ne comprends plus rien. D'un air décidé, elle pousse sur la table de la cuisine et me fait signe de l'aider.

— Mais… qu'est-ce que vous faites, grand-maman?

— Il me semble que c'est clair. Nous tournons la table sur le côté. Nous l'appuyons contre la porte du garde-manger. Nous plaçons les chaises derrière. Je m'assois sur une des chaises pour que le voleur ne puisse pas ouvrir la porte et toi, tu appelles les policiers… Ne fais pas cette tête-là, Noémie… on dirait que tu n'as jamais vu de films de voleurs…

— Oui, mais pourquoi ce n'est pas moi qui m'assois sur la chaise et vous qui appelez les policiers?

— Mon Dieu Seigneur, tout simplement parce que je suis dix fois plus lourde que toi!

— Grand-maman, vous êtes un génie! Je comprends pourquoi je suis si intelligente!

— C'est ça... c'est ça... Maintenant, appelle les policiers... Je suis fatiguée et j'ai faim, très faim...

Je me dirige vers le téléphone, décroche le récepteur, regarde le numéro du poste de police qui est écrit en gros chiffres sur un autocollant, compose nerveusement le numéro et dis :

— Bonjour, monsieur le policier... Je m'appelle Noé... Quoi? Vous n'êtes pas policier? Alors j'aimerais parler à un policier... vite, c'est urgent! Un voleur se cache dans notre garde-manger... Quoi? Il n'y a pas de policier? Ah... bon... Ah! Vous êtes un vendeur de ballons! Ah! Excusez-moi... Non! Je ne veux pas de ballons pour le voleur! Je... excusez-moi, je suis tellement énervée que je me suis... que j'ai dû me tromper de numéro...

Je recompose le numéro de la police en appuyant consciencieusement sur chacune des touches du téléphone. J'attends quelques secondes et puis soudain on décroche. Je dis un peu nerveusement :

— Heu... bonjour... Vous êtes bien un policier? Oui?... Non? Ah! Vous êtes une policière... Bon... Excellent! Je m'appelle Noémie... c'est pour vous dire que ma grand-mère et moi venons de capturer un voleur... oui, un voleur... où ça?... il est enfermé dans le garde-manger... oui, dans le garde-manger... Nous avons placé la table de la cuisine sur le côté... et ma grand-maman Lumbago... oui... Lumbago... je sais... c'est un drôle de nom... c'est elle qui me garde pendant que mes parents sont débordés... Ce soir, ils sont partis au théâtre... En tout cas... Grand-maman Lumbago est assise de l'autre côté de la table pour que le voleur ne puisse pas ouvrir la porte... Vous ne comprenez pas? Non... ce n'est pas une blague. Elle est assise... oui assise... A... S... S... I... S... E. Si elle se lève, le voleur pourrait pousser la table et se sauver, ou encore pire... nous faire prisonnières, ou encore pire, nous prendre en otages et demander une rançon... ma grand-mère vaut très cher... ou encore pire... il pourrait nous... tuer comme dans les films avec son arme... Quelle arme? Mais je ne sais pas quelle arme... Non... je ne l'ai pas vue... son arme... lui?

Le voleur? je ne l'ai pas vu... mais je l'ai entendu manger des croustilles... Pardon... quoi? Ce n'est pas une farce que je fais... Ma grand-mère et moi, nous sommes au bord de la catastrophe et vous voulez que je raccroche? C'est vous, la police, oui ou non? Qui va nous sauver si ce n'est pas la police? Le facteur? Le livreur de journaux? Le livreur de pizzas?

Et là, je n'en reviens pas. La policière raccroche elle-même. Grand-maman me demande :

— Et puis?

— Elle... Elle a raccroché... Elle a dit de ne pas encombrer la ligne...

Grand-maman quitte sa chaise en disant :

— J'en ai assez! J'en ai assez! J'en ai assez!

Moi, je suis tannée, fatiguée, au bout du rouleau et tout et tout. Je tire sur les chaises puis sur la table de la cuisine pour l'éloigner de la porte du garde-manger. Je crie :

— Voleur! Écoutez-moi bien! Nous en avons assez! Donc, nous vous donnons trois secondes, trois petites secondes pour sortir du garde-manger et disparaître à jamais! Nous allons nous cacher derrière la table... nous ne vous regarderons pas... vous n'avez qu'à sortir et disparaître! Ce n'est pas compliqué, ça! La porte du balcon est à votre droite, en sortant!!!

Grand-maman et moi, nous nous cachons derrière la table et nous comptons :

— Un... Deux... Trois...!

La poignée ne tourne pas, la porte ne s'ouvre pas. Rien ne bouge. Je mets mes mains en porte-voix et je crie :

— Un! Deux! Trois!

-11-

Les billets de dix dollars

Je crie encore :

— Un! Deux! Trois!

Rien ne bouge.

Grand-maman se relève et soupire :

— Bon, Noémie... j'en ai assez... J'en ai assez. Toute cette histoire est complètement ridicule. Je te gage vingt dollars qu'il n'y a pas de voleur dans le garde-manger...

— D'accord, je gage avec vous! Prêtez-moi un billet de vingt dollars.

— Pourquoi? Tu n'as pas encore gagné!

— Alors, prêtez-moi un billet de dix dollars et je vous donne la preuve vivante qu'un voleur se cache dans le garde-manger!

— Dix dollars, mais pourquoi dix dollars?

— Vraiment, grand-maman… on dirait que vous faites exprès pour ne pas comprendre. Tout le monde sait ça… les voleurs aiment l'argent!

— Mon Dieu Seigneur... Mon Dieu Seigneur...

Grand-maman se dirige vers le comptoir, ouvre son sac à main et en sort un billet de dix dollars.

Je m'empare du billet et m'approche de la porte du garde-manger. Puis, lentement, très lentement, je glisse le billet de dix dollars sous la porte. À peine une seconde plus tard, le billet glisse tout seul vers l'intérieur du garde-manger, exactement comme si un voleur tirait dessus.

En voyant le billet disparaître, grand-maman devient blanche comme un drap. Elle pose une main sur sa bouche et recule jusqu'au fond de la cuisine. Je lui demande :

— Avez-vous un autre billet?

En hésitant, elle ouvre son

sac à main et me donne un autre billet de dix dollars.

Pour changer de tactique, je fais glisser le billet entre la porte et le cadre à la hauteur de la poignée. Le billet est tiré lentement vers l'intérieur du garde-manger, comme par magie. Grand-maman s'exclame :

— Mon Dieu Seigneur!

Je demande un autre billet, monte sur une chaise et fais glisser le billet en haut de la porte. Lentement, très lentement, le billet glisse et disparaît à l'intérieur du garde-manger.

Grand-maman ressemble à une statue. Elle ne bouge plus. Elle fixe la porte. Elle balbutie :

— Noé... Noémie, je crois que... nous avons besoin d'aide...

— Qui pourrait bien nous aider? Mes parents reviennent ce soir... très tard...

— Mon Dieu Seigneur, le facteur est déjà passé...

— On pourrait... on pourrait se faire livrer une pizza... oui... c'est ça... on se fait livrer une pizza et on dit au livreur qu'un méchant voleur est caché dans le garde-manger...

— Ouais... et puis...

— Et puis... et puis... le livreur se bat avec le voleur... et puis... et puis... à la fin, pour remercier le livreur... nous l'invitons à manger de la pizza avec nous... et... tout est bien qui finit bien...

— Et si le livreur est tout petit... et le voleur, immense? Et si c'est le voleur qui gagne la bataille? Qu'est-ce qu'on fait? Et mon Dieu Seigneur!

Tout cela est ridicule... Qu'est-ce que je suis en train de dire, moi?

— Attendez! J'ai une autre idée. On pourrait empoisonner le voleur!

— L'empoisonner?

— C'est simple... on l'empêche de sortir du placard en clouant la porte avec de gros clous. Après une journée ou deux, le voleur aura très faim... Nous lui passerons de la nourriture empoisonnée sous la porte...

— Tu oublies juste une chose...

— Quoi?

— Le voleur est caché dans le garde-manger... et dans le garde-manger, il y a assez de nourriture pour vivre au moins un an...

Alors on le laisse là... pendant au moins un an!

-12-

Au téléphone

— Bon... tout cela a assez duré... Je vais appeler la police tout de suite... immédiatement... moi-même... en personne... et rien... rien de rien ne pourra m'en empêcher...

Grand-maman s'empare du téléphone, compose et dit nerveusement :

— Oui... Bonjour, mademoiselle, je voudrais parler à un policier! Ah vous... vous... êtes... une policière? AH! C'est bien ça... une policière! Oui... c'est très bien... ça... qu'il y ait des femmes policières... Bon, alors voici, nous avons un gros problème... ma petite-fille et moi croyons qu'un voleur se cache dans mon garde-manger... Nous ne croyons pas.... nous sommes certaines... oui... dans mon garde-manger! C'est un très grand garde-manger et le voleur est caché dedans...

Moi, je ne peux m'empêcher d'ajouter :

— Il peut rester caché pendant plus d'un an parce qu'il y a assez de nourriture pour nourrir une armée...

— Noémie! Arrête! Laisse-moi parler! Non... la porte du garde-manger n'est pas verrouillée à clé... Comment? Ah oui? Ouvrir la porte tout de suite? Immédiatement... comme ça? au téléphone? Vous n'êtes pas sérieuse?

Grand-maman se tourne vers moi :

— La policière veut que tu ouvres la porte du garde-manger... là... tout de suite...

Mon sang se glace dans mes veines :

— Jamais! J'ai trop peur!

— Bon... un instant, madame la policière... Noémie va tenir le récepteur... et moi, je vais ouvrir la porte... Je ne suis pas une peureuse, moi...

Je m'empare du récepteur :

— Bonjour, madame la policière... vous n'êtes pas sérieuse? Ouvrir la porte, comme ça, au téléphone? Et que faites-vous du voleur avec un drôle de nom qui s'est évadé de prison hier soir? Oh! Ah bon... Il a été arrêté il y a une heure à peine! Oups! Oui mais, un instant. Il s'agit peut-être d'un autre voleur, de son frère, ou de sa sœur ou d'un de ses meilleurs amis, ou bien d'un autre voleur complètement inconnu de celui qui vient de se faire arrêter, ou bien juste un voleur tout seul, un voleur de grand chemin comme on les appelle, un voleur privé, je veux dire un voleur tout seul, qui n'a aucun lien ni de près ni de loin avec aucun autre voleur et qui…

Et là, en essayant d'expliquer la situation le plus clairement possible, j'entends la voix de la policière crier dans le récepteur :

— STOP !

— Je… heu… quoi !

— STOP ! répète la policière, qui menace de raccrocher.

— Non ! Ne raccrochez pas. Ne nous abandonnez pas ! Je

vais vous faire la description du match, je veux dire de la scène… Alors… oui… heu… ma grand-mère s'empare du rouleau à pâtisserie… oh, elle s'empare aussi d'un marteau… d'un très gros marteau… Elle contourne la table de la cuisine… elle contourne une chaise… Elle ralentit… elle s'approche de la porte du garde-manger. Elle colle son oreille dessus. Elle attend… Puis, lentement, grand-maman approche sa main de la poignée. Elle… elle fait tourner la poignée. La serrure fait CLIC!

J'ai tellement peur que je ferme les yeux. La policière au bout de la ligne me demande ce qui arrive.

— Je ne sais plus ce qui se passe!

— COMMENT ÇA?

— Je ne sais plus ce qui se passe parce que j'ai les yeux fermés !

— OUVRE-LES !

Le cœur battant la chamade, j'entrouvre un œil et je regarde par la petite fente que font mes paupières. J'aperçois ma grand-mère, pleine de courage, de bravoure et de sang-froid, qui soulève le marteau au-dessus de sa tête. Puis, soudainement, elle ouvre la porte du garde-manger. Je deviens tout étourdie. Mon sang explose dans ma poitrine. J'ai tellement peur que je ne dis plus rien.

La voix au téléphone demande :

— ET PUIS ?

— Je... je vois grand-maman qui vient d'ouvrir la porte du garde-manger. Je vois grand-

maman qui laisse tomber le marteau et le rouleau à pâtisserie. Je vois grand-maman qui ne bouge plus. Je vois grand-maman qui s'exclame «Mon Dieu Seigneur!».

Ma grand-mère reste figée sur place et, en même temps, elle tremble de partout et, en même temps, elle est blanche comme un drap et, en même temps, elle répète :

— Je n'en reviens pas... Mon Dieu Seigneur, je n'en reviens pas...

La policière crie dans le récepteur :

— QUOI? QU'EST-CE QUI SE PASSE?

Des frissons partout sur le corps, je réponds :

— Je ne sais pas...

En murmurant «Mon Dieu Seigneur», grand-maman fait

quelques pas à l'intérieur du garde-manger. Elle se penche. «Mon Dieu Seigneur...» Elle farfouille. « Mon Dieu Seigneur.» Elle se retourne en tenant quelque chose dans ses bras...

Pour la première fois de ma vie, c'est moi qui balbutie :

— Mon Dieu Seigneur...

Ensuite, les mots disparaissent de ma bouche. Je suis tellement surprise que je ne parle plus. C'est le silence complet dans ma tête, dans la cuisine, dans la maison, dans la ville, sur la planète et dans toute la galaxie.

La voix de la policière traverse le grand silence intersidéral pour me hurler dans l'oreille :

— ET PUIS?

Je suis tellement surprise par ce cri que je lâche le récepteur. Il fait trois tours dans les airs, tombe sur le comptoir et dégringole sur le plancher en se balançant au bout de son fil. Je le ramasse en vitesse, le repose sur mon oreille et demande :

— Je… excusez-moi, madame la policière… Allô… Allô… Êtes-vous toujours là ?

— OUI ! JE SUIS TOUJOURS LÀ ! QUE SE PASSE-T'-IL ?

Je prends une grande inspiration suivie d'une très longue expiration :

— Bon… Je… Heu… ne vous fâchez pas ! Ne soyez pas déçue… mais ma grand-maman vient d'attraper toute seule le voleur… Nous n'aurons pas besoin de vos services…

— JE NE COMPRENDS RIEN À TOUT CE CHARABIA !!!

— Je… Heu… en fait, le voleur est un…

— LE VOLEUR EST UN QUOI?

— Je… heu… le voleur est un…

— UN QUOI???

— Le voleur est un… un… un raton voleur!

— UN QUOI? demande la policière complètement excédée.

— Un raton loveur… je veux dire un ratavaleur… voyons! Excusez-moi, je suis très nerveuse! Le voleur est un raton laveur! Voilà!

— VOUS N'ÊTES PAS SÉRIEUSE?

— Je… heu… oui… malheureusement, je veux dire heureusement… je suis très sérieuse… le voleur est un véritable raton laveur… heu…

avec un masque de voleur sur les yeux, ainsi que des petites pattes de vol...

Et là, je n'ai pas le temps de terminer ma phrase. La policière murmure des mots que je n'ai pas le droit de répéter. À la fin de son exposé oral, elle me crie :

— JE VEUX PARLER À TA GRAND-MÈRE! IMMÉDIATEMENT!

Je passe le récepteur à grand-maman. Elle s'assoit sur une chaise. En caressant le raton laveur d'une main et en tenant le récepteur de l'autre, elle dit :

— Oui... Non... Oui... c'est un véritable raton laveur... Oui... un vrai de vrai! Non... Excusez-nous de vous avoir dérangée... oui... non... Merci!

Puis, elle me passe le récepteur que je dépose sur le téléphone. Je n'en reviens pas encore! Un raton laveur! Il y avait un raton laveur dans le garde-manger!

Grand-maman me regarde en caressant la petite bête.

— Attention, grand-maman, il pourrait vous mordre!

— Mais non! Il n'est même plus capable d'ouvrir la bouche. Regarde! Il a tellement mangé qu'il est gras comme... comme un voleur!

Et là, grand-maman et moi, nous éclatons de rire Hi! Hi! Hi! et Ha! Ha! Ha!

Nous rions tellement fort et tellement longtemps que nous en avons mal aux côtes. Hi! Hi! Hi! et Ha! Ha! Ha! J'en ai des crampes dans les joues. Hi! Hi! Hi! et Ha! Ha! Ha!

Les yeux encore remplis d'eau, je demande :

— Mais, grand-maman, comment est-il entré dans la maison, ce raton laveur?

— Mon Dieu Seigneur, ce n'est pourtant pas difficile à comprendre. Il a monté l'escalier qui mène au balcon arrière, il a grimpé sur la rampe, il s'est faufilé par la petite fenêtre du garde-manger et il y est resté parce qu'il a tellement mangé qu'il ne pouvait presque plus bouger.

C'est vrai, je regarde le raton dans les bras de grand-maman et il ne bouge presque pas. Il est vraiment gras comme un vol...

J'avance la main et je commence à caresser la fourrure de la petite bête :

— Oh, qu'il est mignon! C'est tout doux... C'est tout chaud... Est-ce que je peux le prendre?

Grand-maman se lève et, délicatement, dépose la petite bête au creux de mes bras. WOW! On dirait un toutou, mais un toutou vivant.

— Grand-maman? Grand-maman, est-ce qu'on pourrait...

Comme si elle avait lu dans mes pensées, ma grand-mère répond :

— Non, Noémie! Il n'est pas question de garder ce raton laveur ici!

Moi, c'est drôle, je pense justement le contraire.

-13-

Derniers soubresauts

En quelques secondes, j'essaie de penser à tous les avantages de garder un raton laveur dans la maison. Mais, soudainement, le chat de grand-maman bondit sur la table, fait le dos rond, puis, les poils hérissés, il s'approche en grognant comme un tigre du Bengale. GGGRRR! J'ai tellement peur que je laisse tomber le raton sur le plancher. Toutes griffes dehors, le chat se précipite sur sa victime, mais, heureusement, grand-maman s'empare de la petite bête et la soulève au bout de ses bras. En vitesse, elle s'approche de la porte arrière, l'ouvre, se penche et, d'un petit coup de la main, elle fait sortir le raton laveur sur la galerie. Celui-ci, encore sous le choc, fait quelques pas maladroits, puis, une marche à la fois, il descend l'escalier. Il se dandine en trottinant au ralenti jusqu'au fond de la cour. Là, sans même se retourner, sans même nous dire «au revoir» ou «adieu», il piétine les fleurs et disparaît en se faufilant sous la clôture.

Grand-maman et moi, blotties l'une contre l'autre derrière la fenêtre de la cuisine, nous fixons une dernière fois l'endroit où le raton a disparu. Nous nous regardons en silence parce que nous ne savons pas ce qu'il faut dire, ce qu'il faut

faire, après avoir vécu de tels moments d'émotion.

Grand-maman me serre dans ses bras. Puis, tout à coup, comme si elle avait été piquée par une mouche invisible, elle me lâche, se précipite dans le garde-manger pour refermer la petite fenêtre. Ensuite, elle s'empresse de verrouiller la porte de la cuisine. Elle se lance vers la porte d'entrée et la verrouille à quadruple tour. Puis elle ferme les fenêtres qui donnent sur le balcon avant.

— Voilà! Mon Dieu Seigneur, aucune bête ne pourra plus jamais entrer ici! s'exclame grand-maman.

Pour détendre un peu l'atmosphère, je demande :

— Est-ce qu'on devrait aussi verrouiller la porte du four... celle du réfrigérateur, les portes des armoires et la porte de la cage du serin?

Grand-maman sourit. Puis, en se laissant tomber sur une chaise, elle soupire :

— J'ai faim... mais avec toute cette histoire-là, je n'ai pas eu le temps de préparer le souper.

— Moi, j'ai vécu tellement d'émotions que je n'ai presque pas faim… on pourrait… on pourrait peut-être se faire livrer une pizza!

— Non merci! Je ne veux voir aucun étranger dans ma maison…

— Alors, on pourrait juste manger des sandwichs aux tomates?

— Bonne idée… Ensuite… on prendra un bon bain chaud… pour se relaxer…

— Ensuite, on s'installera devant la télévision… en pyjama!

— Mon Dieu Seigneur… Oui… sous la douillette… au chaud sous la douillette… Et on regardera la télévision… pour se changer les idées…

— Justement… ce soir… il y a un excellent film…

— Bon, répond grand-maman, heureuse d'apprendre la nouvelle.

— Oui... un excellent film... de voleurs...

FIN